AF375550

Manuela Schulz

Dr. Reiner F. Schulz

DAS GROSSE BUCH DER DEUTSCHENWITZE

Impressum

Bibliografische Information der Deutschen Nationalbibliothek:
Die Deutsche Nationalbibliothek verzeichnet diese Publikation in der
Deutschen Nationalbibliografie; detaillierte bibliografische Daten sind
im Internet über http://dnb.dnb.de abrufbar.

© 2020 Manuela Schulz und Reiner F. Schulz

Herstellung und Verlag: BoD – Books on Demand, Norderstedt

ISBN: 978-3-7519-8162-0

Inhaltsverzeichnis

1.1 Vorwort zum Vorwort

Den Deutschenwitz kann man wohl als die Hochkultur des Witzes bezeichnen. Manch einer würde sagen Deutschenwitze sind wie guter Wein oder Kaffee und es braucht eine gewisse Reife, ja vielleicht sogar Genialität um Deutschenwitze verstehen und genießen zu können. Nicht zuletzt wegen des besonderen Anspruches, den Deutschenwitze an ihre Konsumenten aber auch an diejenigen stellen, die es sich zur Aufgabe gemacht habe, sie zu bewahren, zu perfektionieren und in die nächsten Generationen weiter zu tragen, brauchte es insgesamt fast 100 Lebensjahre und außergewöhnliche Geister um dieses Werk zu vollenden[1].

Als einer der wenigen Deutschen, die sich um eine massentaugliche Aufbereitung des Deutschenwitzes bemüht haben, muss Bernhard-Victor Christoph-Carl von Bülow oder kurz Loriot genannt werden. Er beherrschte es, wie bislang kein anderer - mit teilweise eigenwilligen Interpretationen des Deutschenwitzes - die Menschheit für eine ganz besondere Form von Humor zu sensibilisieren.

So ist es nun also mit diesem Buch gelungen, dem Deutschenwitz eine angemessene Bühne zu verleihen, auf der er in seiner ursprünglichen Form bewundert werden kann. Ich wünsche allen Lesenden viel Freude.

Manuela Schulz

1 Bescheidenheit ist eine der vielen guten Eigenschaften der Autoren

1.2 Vorwort

Der britische Fernsehproduzent Monty Pythons behauptete in einer seiner Dokumentationen, die deutsche Wehrmacht hätte als Antwort auf den tödlichsten Witz der Welt - den natürlich die Briten entwickelt hätten — einen völlig wirkungslosen Vergeltungs-Witz eingesetzt: "Der ver zwei peanuts, valking down der Straße, und von vas assaulted...peanut. Ohohohoho!"

Hier soll der historischen Wahrheit genüge getan werden, und erstmals der ursprüngliche V-Scherz vorgestellt werden. Er wurde 1944 von der Abteilung IV/2b des Reichsamtes für das Scherzwesen entwickelt:

Zwei Erdnüsse gingen durch die Straßen Berlins, sagt die eine: "Pass auf, da ist Hundekacke!" Da sagt die zweite: „Oh, Danke."

Aber ein Witz - und damit der Witz an sich - lebt nur weiter, wenn er erzählt und weitererzählt wird. Ich hoffe, dass in diesem Sinne dieses Werk zur entspannenden Erheiterung auf dem Erdenrund beitragen möge.

Dr. Reiner F. Schulz

2. Einleitung

Es war Mark Twain, der nach seiner Deutschlandreise im Jahre 1878 formuliert haben soll: "A German joke is no laughing matter." Demnach muss zu dieser Zeit der ursprüngliche, wahre Deutschenwitz noch weit verbreitet gewesen sein. Nach der Reichsgründung im Jahre 1871 beschleunigte sich die Industrialisierung in Deutschland, sowie der europaweite Handel. Damit kamen nicht nur neue Technologien nach Deutschland, sondern auch Menschen und Ideen. Man kann annehmen, dass im Rahmen dieser Entwicklung der Deutschenwitz mehr und mehr an Bedeutung verlor.

Dieser Trend setzte sich leider weiter fort und in einem globalisierten Informationszeitalter besteht die reale Gefahr, dass er gänzlich verschwinden wird. Doch der Humor ist zu ernst, um ihn sich selbst oder der Welt zu überlassen. Wie einst die Gebrüder Grimm deutsche Märchen und Sagen sammelten, um sie für nachfolgende Generationen zu erhalten, so streben die Autoren dieser Sammlung danach, dem Deutschenwitz seinen Platz in der Weltliteratur zu sichern.

Die Witze sind in Gruppen ähnlichen Charakters angeordnet. Dies soll den geneigten Leser in seinem Bemühen unterstützen, die Natur und Struktur des Deutschenwitzes zu ergründen.

Auf Kommentierungen wurde weitgehend verzichtet, da solche gerne in Besserwisserei übergehen. Sie sind kursiv dargestellt zur eindeutigen Erkennbarkeit.

3.1 Der Glühbirnenwitz

Wie viele Deutsche braucht man um eine Glühbirne zu wechseln?

Einen.

Zu diesem Urwitz der Deutschen findet man im Internetz zahlreiche Abarten. Leider taugen diese sogenannten Witze lediglich als Ausweis des Unverständnisses der Autoren um die tiefere Natur der Deutschenwitzes.

Der Vollständigkeit halber und zur Abschreckung seien hier drei Antworten aufgeführt, die man im Internetz auf die Frage findet: „Wie viele Deutsche braucht man um eine Glühbirne zu wechseln?".

"Ve are asking ze qvestions here!"

„Zwei: einer gibt den Befehl und der Zweite wechselt die Glühbirne"

"Zwei: einer legt ein Handtuch unter die Glühbirne, und einer wechselt sie am nächsten Morgen."

Kann man in Deutschland das Leitungswasser trinken ohne es vorher abzukochen?

Ja.

Was trinkt ein Deutscher in seiner Freizeit am liebsten?

Bier.

Was macht ein Deutscher, wenn ihm am Samstagabend siedend heiß einfällt, dass die Abgassonderuntersuchung für seinen Mercedes überfällig ist?

Er ruft am Montagmorgen bei seiner Werkstatt an und macht einen Termin aus.

Warum geht ein Deutscher quer durch die Shopping-Mall?

Weil er auf die andere Seite will.

Warum trägt ein Deutscher immer weiße Socken in seinen Sandalen?

Aus hygienischen Gründen.

Was ist aus Holz, hat grüne Beine und kann man gut stapeln?

Eine Biertisch-Garnitur.

Was ist 177 cm hoch und wiegt 85,2 kg?

Der statistisch mittlere Deutsche im Jahre 2011.

Warum trinkt ein Deutscher immer Bier?

Weil es ihm sehr gut schmeckt.

Wenn die Frau eines Deutschen vergessen hätte, Bier einzukaufen, würde er stattdessen auch Champagner trinken, um auf den Geburtstag seiner Mutter anzustoßen?

Ja.

Warum haben in Deutschland die Häuser alle ein Dach?

Damit es nicht reinregnet.

Was macht ein Deutscher, wenn er seinen Mercedes waschen will, er aber in einem Wasserschutzgebiet wohnt?

**Er fährt mit seinem Mercedes in eine Autowaschstraße
und poliert vor seiner Garage nur noch trocken nach.**

Darf eine süddeutscher Sinologe, der gerade erst sein Studium mit nur mittelmäßigen Noten abgeschlossen hat, in Deutschland seinen Führerschein machen?

Ja.

Wenn in Deutschland ein Bus laut Fahrplan um 16:03 Uhr an der Bushaltestelle ankommen soll, wann kommt er dann in Wirklichkeit an?

Um 16:03 Uhr.

Was macht ein Deutscher, wenn er merkt, dass ihm so langsam
die Arbeit über den Kopf wächst?

Überstunden.

Ein Deutscher macht Urlaub auf Mallorca. Ein hat ein Hotel direkt am Strand, inmitten der Partymeile gebucht. Was macht er als allererstes, wenn er angekommen ist?

Koffer auspacken.

Über welchen Flachwitz lacht ein Deutscher am liebsten?

3.4 Treffen sich

Treffen sich eine Deutsche und eine Deutsche,
erzählt die eine: „Ich habe so viel Eintopf gekocht, dass wir
gar nicht alles aufessen konnten!"
Sagt die andere: „Frier's doch ein",
sagt die eine: "Hab' ich auch gemacht!".

Treffen sich zwei Deutsche.

Fragt der erste: „Was gibt's neues?"

Sagt der zweite: „Meine Frau ist letzten Samstagvormittag ganz plötzlich beim Bettenmachen gestorben, sie hatte gerade erst das Frühstück weggeräumt...".

Sagt der erste: „Das tut mir leid."

Treffen sich drei Deutsche und streiten sich, wer wohl die beste Frau habe.
Sagt der Erste: „Das ist bestimmt die meine: Meine Frau kann wunderbar Bier eingießen."
Daraufhin der Zweite: „Das ist doch gar nichts - Meine Frau kann köstliche Bratkartoffeln herzaubern."
„Na, das ist doch überhaupt nichts." sagt der Dritte:
„Meine Frau kann saftige Bratwürste zubereiten!"

Treffen sich zwei Deutsche in der Wüste.

Fragt der eine:" Was machen Sie denn hier?"

Sagt der andere:
„Von hier habe ich den besten Blick auf die Stufenmastaba!"

Bügeleisenwitz, kurze Version

Ein Deutscher stirbt ganz unerwartet und findet sich unversehens im Himmel wieder.
Er tritt demütig vor das Himmelstor und wartet auf Einlass.
Zwei Engel öffnen die göttliche Pforte.
Petrus sitzt hinter einem großen marmornen Tisch und fragt schließlich:
„Haben Sie auch das Bügeleisen ausgemacht?

Sagt der Deutsche: „Ja."

Bügeleisenwitz, lange Version

Ein Deutscher stirbt ganz unerwartet und findet sich unversehens im Himmel wieder. Er tritt demütig vor das Himmelstor und wartet auf Einlass. Zwei Engel öffnen nach kurzer Zeit die göttliche Pforte.
Petrus sitzt hinter einem großen marmornen Tisch und fragt: „Haben Sie auch das Bügeleisen ausgemacht?

Sagt der Deutsche: „Ja."

Darauf sagt Petrus: „Gut, sonst hätte ich Sie zurückschicken müssen in die Welt der Lebenden."
Sagt der Deutsche: "Da habe ich ja nochmal Glück gehabt!"

Bei dem Bügeleisenwitz lassen sich deutliche geographische Unterschiede in der Beliebtheit feststellen. Während die kurze Version eher in vorwiegend protestantischen Gegenden bevorzugt wird (Schleswig-Holstein, Teile Frankens), so findet die lange Version besonders in katholisch geprägten Gegenden gefallen (z.B. Köln und Umgebung)

Der Eisbärenwitz, kurze Version

Trifft ein Deutscher einen Eisbären.

Sagt der Eisbär:"Boaah, ist das warm heute!"

Sagt der Deutsche: "Eisbären können nicht sprechen."

Der Eisbärenwitz, lange Version

Trifft ein Deutscher einen Eisbären.

Sagt der Eisbär:"Boaah, ist das warm heute!"

Sagt der Deutsche: "Eisbären können nicht sprechen",
und geht weiter.

3.7 Neulich in Deutschland

Zwei Deutsche lesen einen Zeitungsartikel.

Sagt der erste: „Da fehlt ein Komma."

Sagt der Zweite: „Stimmt."

Ein deutsches Zwillingspaar wird geboren.

Mutter und Vater haben kurz danach beim Überholen auf der Autobahn einen schweren Verkehrsunfall. Der Vater stirbt noch am Unfallort, die Mutter erliegt im Krankenhaus ihren schweren Verletzungen. Die Ärzte konnten sie trotz aller Bemühungen nicht mehr retten.

Das eine Kind kommt zur Tante, das andere zum Onkel.

Beide haben einen Bausparvertrag.

Es ist Montagmorgen in Deutschland.

Ein Deutscher geht zur Arbeit.

Wie jeden Morgen macht er den Wecker aus,
geht ins Bad und zieht sich an.

Zwei Deutsche gehen spazieren und erzählen sich Witze.

Baut ein Deutscher ein IKEA-Regal auf. Er liest die Anleitung, legt alle Einzelteile übersichtlich nebeneinander auf den Boden. Nach 5 Minuten ist er fertig.

3.8 Kommt ein Deutscher

Kommt ein Deutscher zum Arzt.

Fragt der Arzt: „Sind Sie krank?".

Und daraufhin sagt der Deutsche: "Ja."

Kommen drei Deutsche in eine Kneipe:

Fragt der Wirt: „Wollt ihr ein Bier?"

Sagt der Erste: „Ja.",

darauf der Zweite: „Sicher.",

...und dann sagt der Dritte: „Gerne."

Kommt ein Deutscher in einen Blumenladen.

Fragt er die Floristin: „Haben Sie gelbe Nelken?"

Die Dame antwortet: „Ja, wir haben gerade ganz frische hereinbekommen."

„Aha", murmelt der Deutsche. „Ahja ... haben Sie auch rote Tulpen?"

„Ja." antwortet die Ladeninhaberin freundlich, „Wir haben da gerade eine sehr schöne Züchtung vorrätig".

„Soso", bemerkt der Deutsche. „Ja, aber haben Sie denn auch langstielige, samtrote Rosen?"

„Ich muss mal schauen, die sind sehr begehrt zurzeit" sagt sie und kommt nach einer Minute wieder: „Sie haben Glück, mein Herr, ich habe noch fünfundzwanzig Stück."

Darauf der Deutsche: „Das ist ja prima, dann nehme ich die fünfundzwanzig langstieligen samtroten Rosen."

Lustig wie eine Wagner-Oper.

Alle Wege führen nach Bielefeld!

Unterhaltsam wie eine deutsche Vereinsvorstandssitzung.

Leben wie Gott in Frankfurt.

Wie ein Witz von Hegel.

Auch Wolfsburg wurde nicht an einem Tag erbaut.

4.1 Nachwort

Dieses Werk wird ohne Zweifel den deutschsprachigen Raum in Windeseile erobern. Das wirft die Frage auf, ob man dieses Opus in andere Weltsprachen übersetzen sollte. Im Rahmen eines solchen Unterfangens könnte nur die Sprache transportiert werden, aber nicht die deutsche Kultur. Eine übersetzte Ausgabe müsste so viele erklärende Fußnoten aufweisen, dass es praktisch unlesbar wäre.

Stattdessen mögen geneigte Leser fremder Zunge dieses Werk zum Anlass nehmen, sich tiefer in die Verästelungen der deutschen Kultur zu begeben. Diese Reise würde sich als ebenso fruchtbar wie ergötzlich erweisen.

Dieses Kleinod deutscher Dichtkunst möge zur Erbauung bei diesem Unterfangen dienen:

Zum schwindelhohen Adlerstein
Versuch ich früh ein Klettern,
Schau rundum ins Gebirg hinein
Und laß die Laute schmettern

Frühnebel spielt, von Wind gefacht
Um Felsen grobgestaltig,
O Hochland, wilde Hochlandspracht,
O Täler grün und waldig

(Joseph Victor von Scheffel)

4.2 Nachwort zum Nachwort

Den Autoren ist es ein großes Anliegen, dass der Deutschenwitz keinesfalls als eine Art elitäre Poesie und in diesem Sinne als nicht zeitgemäß verstanden wird.

Aufgrund der schieren Fülle und Reichhaltigkeit des Deutschenwitzes, ist es in diesem Werk nicht möglich gewesen, die verschiedenen Varianten des Deutschenwitzes in anderen deutschsprachigen Ländern zu erwähnen.

Auch die vielen zeitgenössischen Schöpfungen, die durch die Jugendkultur und die dynamische Natur des Deutschenwitzes entstanden sind, hätten nicht in der Ausführlichkeit behandelt werden können, die sie verdient hätten. Es seien hier nur zwei Beispiele aufgeführt:
- Ey Chantall, willse ne Körrywurs mit Pommes? –
  Ja, bitte ... mit Mayo.
- Ok, Boomer...-
  Entschuldigen Sie bitte, ich wollte nicht belehrend wirken

Sehen Sie dieses Buch als den Türöffner zur unendlichen Welt der Deutschenwitze und gehen sie mit offenen Augen durch die Welt - sonst stoßen Sie sich.

5. Dank

Johann Wolfgang von Goethe war studierter Jurist. Er arbeitete einige Zeit in Frankfurt in einer kleinen Anwaltskanzlei. Später wurde er geheimer Legationsrat im Herzogtum Sachsen-Weimar-Eisenach. Als Beamter führte er unter anderem Vorsitz über die Wegebaukommission.

Die Autorin und der Autor können die Bedeutung des Goethe'schen Schaffens für ihre Arbeit gar nicht genug betonen und sind äußerst dankbar für die Prägung, die sie durch sein schriftliches Werk erfahren durften.

Ebenso viel Dank schulden die Autorenden einem zweiten Juristen. Dessen Name darf nicht genannt werden, da er zurzeit in einer bedeutenden unteren Landesbehörde tätig ist. Sogar mehr noch als Goethe ist dieser ein Meister der scherzhaften und gleichzeitig geistreichen Bemerkung. Damit stellt er einen nie verstummenden Quell der Inspiration dar. Gar nicht zu reden von der liebenswerten Eigenschaft, sich alle Arten von Dingen auf den Kopf zu setzen und so zur heiteren Entspanntheit seiner Umgebung beizutragen.

Es ist nicht untertrieben zu bemerken, dass dieses vorliegende Werk ohne bei beiden oben genannten großen Deutschen so nicht möglich gewesen wäre.

Geboren in Deutschland, sind die Verfasserin und der Verfasser im fruchtbaren Spannungsfeld zwischen den zwei Polen der Kant'schen und der Nietzsche'schen Philosophie aufgewachsen. Auch diesen beiden großen Deutschen gilt unser tiefst empfundener Dank.

6. Stichwortverzeichnis